LA RENCONTRE INOPINÉE DE MARS ET DE VENUS DANS LE COVRS DE LA REYNE,

ARRIVEZ NOVVELLEMENT EN FRANCE.

PREMIER ENTRETIEN.

A PARIS,

M. DC. XLIX.

LA RENCONTRE INOPINEE DE MARS ET DE VENVS DANS LE COVRS DE LA REYNE, ARRIVEZ NOVVELLEMENT EN FRANCE.

PREMIER ENTRETIEN.

VENVS.

CHere Cypris ce spectacle qui paroist de loin à nos yeux, & qui nous cause de la crainte aussi bien que de l'estonnement estant icy seulettes en vn lieu assez escarté de la ville, est-ce quelque illusion qui trompe nos sens, ou quelque veritable objet qui les arreste. Sans doute c'est quelque mauuais Genie qui vient troubler nostre repos, & empescher les diuertissemens que nous trouuons icy parmy les tenebres, & à la faueur des obscuritez de la nuict: tel qu'il soit neantmoins il a raison d'abandonner vne ville, où les allarmes sont encor continuelles, & où personne ne se tient en asseurance: Mais approchons, & voyons de plus prés qui ce peut estre.

Cypris.

Madame, apprehendez la rencontre de quelque Caualier qui sans considerer ny vostre sexe, ny vostre naissance, seroit peut estre assez temeraire pour faire quelque violence à vostre honneur, & vous rauir ce que vous conseruez auec

A ij

tant de soin. Madame croyez-moy retirons nous plustost; les dieux approuuans nostre fuitte fauoriseront nos desseins, si la Lune ne nous cache sous le voile de ses ombres, Iupiter nous deffendra de ses foudres, ou les elemens nous vangeront de sa violence, ainsi par quelque moyen que ce soit nous eschapperons de ses mains. Mais le voicy qu'il auance; & la grauité auec laquelle il marche, donne assez à connoistre qu'il cherche l'occasion de nous parler, & non pas de nous offencer. Enuisageons-le bien ie vous prie pour mieux discerner qui c'est.

Venus.

Cypris, c'est Mars n'en doutons plus, allons à luy hardiment: sa cotte d'armes qu'il auoit, lors qu'il combattit les Geans qui vouloient s'esleuer iusques dans les Cieux, & qu'il porte encor, son Casque & son espée auec laquelle il tua le Roy de Crete qui est à son costé, & que ie reconnois fort bien, ne me permettent plus de douter aucunement de cette verité; mais que vient-il faire icy? sçachons de sa propre bouche ce qui nous est inconnu, & ce que luy seul nous peut apprendre. Prouenons-le, & l'allons saluër.

Grand Prince, Dieu des Armées & des Batailles, Vainqueur des Nations, Triomphateur de la Terre, la terreur des Monarques de l'Vniuers, la deffense, & la protection des peuples, qui vous amene icy sans suitte, sans equipage, sans soldats, & sans canon; mon esprit surpris d'vne Rencontre Inopinée, & d'vn changement si estrange, m'empesche l'vsage de la langue, & m'oste la liberté de vous demander les raisons de vostre voyage. Mais d'ailleurs comment osez-vous paroistre en vn lieu, où les Muses & les amours se iouent, & où Cupidon en deffend l'entrée aux gens de guerre, parce que ce Verger est entierement destiné à la pourmenade des Dames. C'est icy où elles reçoiuent des rendez-vous de leurs Galands; où elles trouuent des poulets que de petits laquais desguisez leur apportent de leur part, où elles paroissent auec des mousches, des affeteries, des postures, des complaisances estudiées, pour se rendre agreables aux yeux de ceux qui les considerent, ou pour en

faire

faire des efclaues, où elles s'entretiennent des moyens de perdre leur chafteté auec addreffe; & où elles apprennent à faire l'amour, fans eftre eftimées deshonneftes.

Mars.

Diuinité victorieufe des hommes & des dieux, vous auez fujet de me demander pourquoy ie me trouue icy en la compagnie de vous autres Deeffes, & comment i'ofe paroiftre dans l'Empire d'Apollon; où l'on ne parle que de refiouyffance, de feftins, de banquets, & où l'on n'entend que des concerts de Mufique: Moy qui ay accouftumé de me rencontrer ordinairement parmy les fanfarres, les tambours, les trompettes, les bruits de la guerre. Mais ô Diuinité que i'adore, & que ie refpecte: Efcartons nous ie te prie dans le fonds de cette allée couuerte, & m'octroye cette grace par ta bonté que librement ie te puiffe defcouurir les fentimens de mon cœur, les defplaifirs de mon ame, les regrets, les tranfports, les inquietudes de mon efprit abbatu, & affligé de mille tourmens.

Venus.

Grand Prince! Comment n'apprehendez-vous pas dauantage la perte de mon honneur? ne fçauez vous pas que la conuerfation d'vne femme auec vn homme eft toufiours fufpecte? bien qu'elle foit innocente, qu'elle eft toufiours dangereufe encor qu'elle foit fans mauuais deffein, que les impertinens la condamnent comme criminelle, & que les plus fages ne la peuuent approuuer. Que dira-on fi quelqu'vn me rencontre feule auec vous, finon que nous nous feruons des auantages de la nuict pour traitter de nos amours? Que nos paffions ne peuuent fupporter la lumiere du iour? & quelles font trop fcandaleufes pour eftre expofées à la veuë du monde. Efpargnez, ie vous prie, vne perfonne qui vous eft chere, & que vous ne pouuez offencer fans encourir du blafme, & vous rendre odieux. Ne donnons point fujet de nous foupçonner en vn pays où nous fommes inconnus, & où nous ne paffons que pour des Eftrangers.

B

Mars.

Vous estes trop ceremonieuse, & iamais ie ne vous ay veu de cette humeur; mais sans considerer si c'est l'air du pays, ou la temperature du Climat qui vous a ainsi changée; brisons là, & m'escoutez auec attention. Sçachez donc que ie ne suis plus ce Dieu adoré de toutes les Nations de la terre, à qui les Monarques rendoient obeyssance, qui tenoit sous ses Loix les Potentats du Monde, dont l'Empire estoit absolu, & la puissance respectée. Les plus florissantes Monarchies s'estimoient autrefois trop heureuses d'estre sous la protection de mon bras; les vnes se croyoient tousiours victorieuses, & les autres inuincibles quand elles estoient secouruës de mes armes, & celles que i'abandonnois tenoient leur ruine infaillible, leur desolation certaine, & leur malheur sans remede, par tout on ne voyoit que des Autels erigez à mon honneur, des Temples bastis à ma gloire, dans lesquels on publioit continuellement mes loüanges, & où l'on m'offroit sans cesse, des victimes, des holocaustes, des sacrifices. Maintenant ie suis vn Dieu errand & vagabond, sans demeure, sans retraitte, sans refuge, & sans assistance.

Venus.

Veritablement ie m'estonne de cét extreme changement, & i'ay peine d'en connoistre la cause; i'ay veu autrefois que vous estiez le seul Dieu de la Grece, & que ce peuple assez Religieux ne reconnoissoit point d'autre Diuinité que la vostre, l'on n'y parloit que de vos grandeurs, non plus que de vos merites, la reputation de vostre nom donnoit de l'admiration aux meilleurs esprits, & les plus puissans Genies comme les plus grands Orateurs manquoient d'éloquence pour exprimer vos perfections, & declarer vos excellences. Dans Ephese on y voyoit vn Temple dedié à vostre honneur qui estoit là merueille du monde, & vn miracle de l'art; qui estoit d'vne longueur si excessiue qu'à peine pouuoit-on discerner vn homme d'vn bout à l'autre, il estoit enrichy de peintures si rares & si excellentes, que l'on croyoit Apelles en estre seul l'Autheur, & de figures si parfaitement & delicatement recherchées, qu'elles estoient sans doute de la main de Phidias ou de Praxitelles. Enfin il faudroit faire recit de tous les lieux du monde, de toutes les Contrées de la terre, & de toutes les villes qui sont dans l'vniuers, si l'on vouloit remarquer en particulier tous les endroits où vous estes adoré.

Mars.

Madame, c'est en continuant les traits de vos bontez que vous parlez de ma personne en ces termes, & vostre courtoisie est si accoustumée à m'obliger, qu'elle ne peut rien dire de moy qu'auec auantage. Ie veux pourtant croire que ce que vous en dites soit la verité, les choses ont bien changé de face, & ie ne suis plus ce que ie fus autrefois ny dans l'estime ny dans la pensée des peuples, au contraire ils me mesprisent, & m'ont tout à fait en horreur. C'est moy, disent-ils, qui suis la cause de tous les maux qu'ils souffrent, la source & le principe de tous leurs mal-heurs: C'est par mon intelligence que les Monarques s'animent les vns contre les autres, qu'ils appauurissent leurs sujets pour entretenir la guerre, & qu'ils desertent les Prouinces pour en tirer des hommes qui meinent à la boucherie. Il y a enuiron six mois que cheminant dans le pays de la Grece, ie fis rencontre en mon chemin d'vn vieux Chasteau ruiné, dans lequel l'on remarquoit encor vn Autel abbattu, auec vne figure toute gastée des injures du temps qui portoit cette inscription. Au Dieu Mars, adultere, homicide, pariure, blasphemateur. Voulant dire que i'estois la cause des meurtres, des blasphemes, des pariures, des violemens qui se pratiquent en la guerre, & sans m'arrester dauantage, ie sortis promptement de cette Contrée; crainte qu'estant reconnu des habitans, ils ne me traittassent comme ils firent autrefois Apollon dans Ephese, qu'ils chasserent ignominieusement de cette ville pour auoir rendu des oracles qui luy estoient prejudiciables. Enfin les peuples n'adorent plus de Diuinité si elle ne leur fait du bien; & le Dieu Hercules fera plus de Miracles, de Captifs, & d'Adorateurs en vn moment auec ses chaisnes d'or, que Iupiter auec ses foudres; que Pallas auec sa prudence; que Mercure auec ses soins, que Minerue auec ses persuasions, & que Themis auec ses conseils.

Venus.

Certes Grand Dieu, il faut croire que nous sommes bien en mauuaise opinion & en tres mauuais predicament parmy les peuples, puis qu'ils ont la mesme creance de moy, & qu'ils m'accusent de tous les desordres qui se commettent dans le monde comme l'amour est la plus douce, la plus charmante & la plus violente de toutes les passions, comme elle gourmande les Princes auec plus de tyrannie qu'elle ne fait pas les autres, il arriue souuent que leurs esprits en estant preocupés, ils entreprennent tout ce qui peut fauoriser leurs desseins, ou leur donner la iouïssance de l'objet qu'ils ayment, comme ils perdent & ruinent entierement tout ce qu'ils iugent capable d'y apporter quelque empeschement, en effet qui a perdu Hector, Aiax, Agamemnon sinon l'amour? qui a terny la gloire des conquestes & des victoires d'Alexandre? sinon le grand amour qu'il porta à la fille du Satrape Oxane, qui a rendu Marc-Anthoine le plus malheureux de tous les Princes, qui l'a exposé à mille hazards, & sur mer? & sur terre, & qui luy a enfin causé la mort sinon l'affection extreme qu'il auoit pour Cleopatra. Ce fut le méme amour qui fit perdre l'innocence à Dauid, la sagesse à Salomon, le courage à Annibal, le iugement à Samson; & la vie à plusieurs autres grands Monarques. Et c'est luy encor qui est le fondement de la destruction de tant de villes qui ne subsistent plus que dans l'imagination des siecles passés, & dont l'Histoire passera pour fabuleuse dans les siecles suiuans. Pour cette raison ie ne suis plus receuë en plusieurs lieux, & les peuples desabusés ne me veulent plus mettre au rang des Diuinités.

Mars.

Deesse, que i'adore, ie plains le mal-heur de vostre sort & du mien. Mais ce qui me fasche dauantage, c'est que ie n'y trouue aucun remede. Helas! i'ay veu autresfois que dans Rome i'y estois si respecté, si estimé, si consideré que tous les Empereurs qui regnoient pour lors, & qui dominoient tout le monde tenoient à gloire & à honneur de se dire yssus

de

de mon sang & de ma race; les autres qui auoient plus de retenuë, où moins de vanité, qui n'osoient choquer ma puissance, ny se faire mes parens, empruntoient mon nom, & mes habits, & vouloient auoir l'ambition d'estre au moins en apparence, ce que ie suis en effet, les portraicts qui representoient leurs personnes; les statuës erigées à leur gloire, les Pyramides où estoient grauées leurs victoires? les Arcs triomphaux qui soustenoient les despoüilles remportées sur leurs ennemis; les superbes Mausolées où reposoient leurs cendres & leurs os; toutes ces marques de leurs grandeurs, ne portoient que les carracteres de ma figure, & l'idée de mon visage. Ceux méme qui se sont faict nommer conquerans, victorieux, aigles, dompteurs des nations, foudroyans, n'ont releué ces tiltres que par celuy de Mars; & n'ont fait éclater ces noms que par la splendeur du mien, & sous l'authorité de ma puissance. Mais sans aller de plus loin rechercher la verité des Histoires ancienne, & sans foüiller dans les tombeaux des Roys qui ont precedé de plus de mille ans le siecle où nous viuons, nous trouuerons dans les Annalles des Royaumes de France, d'Espagne, de Pologne, d'Angleterre, sans oublier celuy de Perse & des Ostomans, que plusieurs de leurs Monarques, comme de leurs Princes se sont donnés le nom & la qualité de Mars. Mais maintenant les peuples qui n'ayment plus ces titres de force, de puissance, de Tyrannie: ont obligé leurs Souuerains pour gaigner leurs affections de prendre des noms de vertu, & de bonté. Par ainsi ils m'ont banny de tous les Royaumes, & ie ne sçache aucun lieu où me retirer.

Venus.

I'en pourrois dire autant de moy que i'estois si vniuersellement respectée par toute l'estenduë de la terre, qu'on ne parloit que des perfections de mon eminente beauté, des attraits de mon visage des charmes de mes yeux, de la delicatesse de mon tein, meslé d'incarnat, de rose & de lis; de la blancheur de ma gorge, du Corail de mes lévres, de la douceur de ma voix: La terre & les Cieux estoient également soûmis à mes loix: Ie triomphois des Dieux aussi bien que des hommes: mon Empire n'auoit ny bornes, ny limites,

C

& par tout où ie me faisois voir i'auois des captifs & des esclaues à ma suitte. I'auois en tous les lieux du monde des Temples, des Autels, des sacrificateurs, des victimes aussi bien que vous, & toutes les plus celebres Villes du monde estoient consacrées à mon seruice, comme toutes les beautés les plus parfaittes & les plus accomplies, ne se faisoient connoistre, craindre, où adorer que sous le nom de Venus. Quelque excellent peintre vouloit il s'acquerir de l'estime, & faire paroistre la d'exterité de son pinceau il depeignay vne Venus : les plus habilles Sculpteurs, Graueurs, Architectes, ne s'estudioient qu'à bien representer les lineamens de mon visage, & leurs trauail passoit pour vn chef-d'œuure lors qu'il approchoit de lidée de mes perfections, & que la coppie auoit quelque rapport auec l'Original; les plus grandes Princésses se faisoient nommer de mon nom, & croyoient auoir beaucoup de perfections, quand elles en auoient quelques-vnes des mienne. Pour lors ie suis mesprisée d'vn chacun, & les filles les moins sages n'oseroient porter mon nom, de peur qu'on les croye desbauchées, & qu'à l'exemple de leur Maraine, elles ne contractent de mauuaises habitudes au vice.

Mars.

Madame, c'est donc la raison & le motif qui vous ont fait refugier en ces lieux, voyant qu'aux autres vous y estiez fort mal receuë. Ie vous iure que c'est par ces mesmes raisons que ie me suis retiré en cét contrée, & que ie cherche quelque abry, ou pour le moins ie ne sois pas mal receu, ie n'ay plus de creance parmy les Princes Chrestiens, aussi bien que les Turcs, & les Infidels, & les vns comme les autres sont tellement lassez des fatiques & des incommoditez de la guerre qu'ils desirent tous auec passion vne paix generalle, & qu'ils fremissent de rage ou de desespoir, lors qu'ils entendent seulement le cliquetis des armes, ou le bruit importun des tambours.

Cypris.

Diuinitez adorables, quels sont vos entretiens, & de quoy parlez-vous? suis-je si mal-heureuse, ou si peu consideree de vos grandeurs, que ie puisse estre admise dans la familiarité de vos discours, & en l'honneur de vostre compagnie, n'estoit que la fraischeur des Arbres, & l'harmonie du Rossignol m'a causé vn leger sommeil, & des resueries assez agreables, sans doute ie me serois extremement ennuyée, & le temps de la nuict m'auroit semblé fort long. Mais voicy le iour qui vient, qui nous obligera de nous retirer bientost d'icy.

Mars.

Cypris nous nous entretenions de deux choses bien differentes qui sont l'amour & la guerre, & discourions ensemble comme les peuples ne nous respectent plus, parce que nous les rendons mal-heureux, & que nous empeschons le commerce de leur insatiable auarice, de sorte qu'ils ayment mieux des diuinitez d'or, que de celles qui sont de merite & de vertu. O dieux, chere Cypris, nous ne sommes au temps des Alexandres, des Cesars, des Pompées, des Achilles, des Achitas, des Lions, des Brutus, qui auoient des cœurs de Mars, & des ames de Venus, qui triomphoient de leurs voisins par la force de leurs armes, & de leurs propres subjects par les charmes de leur clemence, qui estoient tousiours adorez, parce qu'ils estoient tousiours aymables, & tousiours victorieux, parce qu'ils ne manquoient iamais de courage, la vertu eminente se faisant iour par tout, & se rendant Maistresse de la fortune, soit qu'elle l'affronte, ou qu'elle luy tourne le dos. Mais sãs aller plus loing, que pouuons nous dire des Charlemagnes, des François, des Henris, des Charles, des Maximilians, des Constantins, qui ont ioint si dextrement ces deux rares qualitez, ensemble l'amour & la valeur, qu'ils se sont rendus les merueilles de l'Vniuers, & le miracle des Roys.

Venus.

Grand Prince, vous voulez fauoriser mon party en deffendant le vostre, & me persuader, que ie suis quelque chose de plus, que ie ne m'estime moy-mesme. Ie sçay pourtant sans me flatter, que l'amour n'est pas moins necessaire aux Princes que la valeur, & que l'vne sans l'autre ne peut pas subsister long-temps. Tu sçays, Cypris, que si beaucoup de Princes ont triomphé par l'assistance des mains du Dieu

Mars, que beaucoup d'auantage ont acquis de la gloire par la faueur des miennes. Qu'il en dise ce qu'il luy plaira, ses conquestes sont des conquestes de sang, les miennes ne repandent que des larmes, & bien que les fléches de mon fils blessoit aussi bien que la pointe de son espée; i'ay neantmoins cét auantage sur luy, que ceux qui en sont blessez cherissent la cause de leurs playes, l'objet de leur martire, la grandeur de leurs tourmens. Mes chaisnes sont glorieuses à ceux qui les portent; ma prison leur est vne liberté, & mes supplices des satisfactions. N'est il pas vray Cypris?

Mars.

O Dieux, que vous estes industrieuse à vous loüer vous mesme, dissimulée en vos paroles, & cachée en vos desseins: vous fuyés dites vous, les Prouinces estrâgeres, où maintenât vous estes méprisée; & où vous n'aués plus d'adorateurs, & vous ne dittes pas que vous venés icy comme dans le lieu du môde où l'on fasse l'amour auec plus d'adresse, de douceurs, & de bonne grace. En Espagne les dames y sont trop imperieuses, en Italie trop peu retenuës, en Pologne trop indiscrettes, en Flandre trop grossieres, en Angleterre trop froides, les Françoises possedent toutes les perfections des autres, sans en auoir les defauts, ny les manquemens. De sorte que vous voulés establir vostre Throsne auec plus de gloire icy, que vous ne fistes iamais, ny à Cartage, ny à Syracuse, ny a Ephese, ny à Rome. Et doresnauant vous serés en sorte que Paris vous reçoiue par son Ange, sa Deesse, son intelligence. A la bône heure regnez dans la premiere Ville du monde, & vous y faictes autant d'Esclaues que vous y trouuerés d'admirateurs de vos perfections. Pour moy qui suis méprisé par toute, & qui n'ay plus de credit ie me retire dans les deserts, dans les bois, dans les solitudes, dans les Cloistres, pour y faire la guerre aux Hermites, & aux Moines.

Cypris.

Madame, le iour est desja grand, & les païsans qui hayssent plus que les demons le Dieu Mars venant bien-tost à passer & à le reconnoistre, sans doute nous ferons quelque outrage à son occasion: Priez-le qu'il se retire; & luy donnés assignation

tion pour ce soir à la mesme heure, nous l'entretiendrons de beaucoup de particularités de nostre voyage, & de nos desseins, & reciproquement nous sçaurons de luy quantité de choses que nous ignorons.

Venus.

Hé bien Cypris, sans doute voila Mars qui se rend à l'assignation que nous luy auons donnée; ce mal-heureux qui est hay de tout le monde, nous causera quelque disgrace si nous le frequentons dauantage, & que l'on sçache qu'il vienne ainsi le soir nous entretenir de ses cruautez & de ses homicides: Neantmoins il est à propos de luy rendre cette ciuilité; car en tout cas si dans ses contrées nous y estions aussi mal receuës, qu'ailleurs ce Dieu aymé & chery des gens de guerre, auroit assez de credit pour nous faire passer en asseurance dans quelqu'autre Pays, que celuy-cy.

Cypris.

Madame, que vostre Diuinité se souuienne, que la familiarité des gens de guerre est extremement dangereuse aux personnes de nostre sexe, & que bien souuent, mesmes les plus moderez Capitaines se laissent surprendre par les charmes & par les attraits d'vne beauté qui a beaucoup de perfections, sans apprehender ny les foudres de Iupiter, ny l'espée du dieu Mars. Auez-vous oublié ce qui arriua autresfois à Iunon, cette Diuinité orgueilleuse, qui au recit de Pausanias, fut prise par Orocrates, & offencée en son honneur iusques dans le Temple où elle estoit adorée. Non, Madame, fuyons la compagnie de Mars, & apres l'auoir entretenu, prenons congé de sa grandeur, & nous en allons. Le voicy, qu'il approche? & qui vous vient parler.

Venus.

Grand Dieu que i'adore, où allez-vous? I'ay sujet de me plaindre de vos artifices, aussi bien que de vos menées, & ie iure qu'à la fin vous serez la cause que nous serons bannies de ses lieux auec confusion. I'ay apris ce matin comme vous auez esté la seule cause, que deux Gentils-hommes de condition, l'vn du Prince de Condé, l'autre du Prince de Conty, s'estoient battus en duel pour auoir sou-

D

tiennent le deux auec trop d'opiniastreté le party de leurs Princes, & que ce dueil a fait naistre beaucoup de querelles & d'animositez entre les domestiques de ces deux grands Seigneurs, qui secrettement conseruent entr'eux quelques affections particulieres pour deux differends partis.

Mars.

Vrayement, Madame, vous parlez d'vne action legere auec beaucoup d'exageration, il semble à vous entendre parler qu'vn dueil de deux personnes soit vn meurtre general de toute vne Prouince : Que diriez-vous, si vous sçauiez que deux Princes qui sont freres conceuoient de grandes animositez entr'eux, que s'allume veritablement, & que s'enflame ; mais dont vous estes seule la cause & le principe? Ne parlons point des desseins qui sont au dessus de vos forces, & dont vostre sexe est incapable, ie vous fais des reproches auec raison, de ce que dans le temps d'vne seule nuict que vous auez demeuré en ses pays, vous auez rendu vne fille impudique, & l'auez sollicitée à perdre son honneur par vos cajoleries, vos adresses, & vos affeteries. Que dira-on maintenant dans Paris, quand on sçaura que la belle Cypris & vous, par vos inuentions criminelles, vous poussez les femmes les plus honnestes, à perdre ce qu'elles ont de plus cher au monde.

Cypris.

Grand Dieu ne nous reprochez pas vn crime dont nous sommes innocentes, cette fille qui a perdu sa chasteté, receuoit trop de complaisance dans les visites, que son galand luy rendoit tous les iours. Et comme Dina fut autresfois rauie par la violence d'vn Prince qu'elle alloit visiter. De mesme cette ieune imprudente de la place Royalle s'est laissée emporter aux cajolleries d'vn jeune Gentil-homme qui ne l'entretenoit que d'amourettes pour la surprendre, & ne la conuersoit que pour la perdre. N'alleguez point non plus que nous soyons la cause de l'adultere de l'autre, surprise dans son crime par son propre mary : Puis qu'elle s'y est portée d'elle-mesme, & qu'elle affectionnoit cet

D

homme mesme auant son Mariage, auec des libertez entierement des-honnestes.

Venus.

Cypris, laissons là le Dieu Mars, qu'il parle tant qu'il luy plaira à son aduantage, c'est vn mal-heureux qui n'est plus consideré, & que les peuples mesprisent : Ma Diuinité sera tousiours adorable parmy les Princes aussi bien que parmy les Marchands, puis que l'amour est le seul plaisir de la nature, & que sans luy, tous les autres diuertissemens sont ennuyeux, ou pour le moins ne sont pas beaucoup agreables. Ie veux faire en sorte que ie sois seule adorée en ses pays, & que mon throsne establi dans Paris, la plus belle ville du monde, reçoiue des respects, des hommages, & des soumissions de tous les esprits genereux, comme de toutes les beautez les plus parfaites : Que Mars premedite des carnages, des guerres & des seditions : Pour moy ie ne demande que la Paix, & ne souhaitte que le repos.

SVITTE DE LA RENCONTRE INOPINEE DE MARS ET DE VENVS DANS LE COVRS DE LA REYNE, ARRIVEZ NOVVELLEMENT EN FRANCE.

SECOND ENTRETIEN.

A PARIS,

M. DC. XLIX.

AV LECTEVR.

AMy Lecteur, I'ay iugé à propos pour ta satisfaction de te donner quelque agreable entretien qui te puisse estre vtile, afin de te diuertir l'esprit de la lecture de tant de liurets qui interessent ta conscience, qui ne t'apprennent que de mauuaises choses, & qui noircissent la vie de plusieurs personnes innocentes; c'est le second entretien de Mars & de Venus, dans lequel tu remarqueras les traits d'vne parfaite éloquence, & les moyens de faire vn compliment auec addresse. Tu y trouueras de tres-belles pensées de l'histoire, & des pointes d'esprit assez iudicieuses. Que si tu le reçois fauorablement i'espere t'en donner la continuation, pour t'obliger d'en faire quelque estime, Adieu.

SECOND ENTRETIEN
de Mars & de Venus.

CYPRIS.

MADAME,

Sçachez que nos effects seront inutils; qu'il [est] impossible d'estre sage, & amoureux tout ensemble, & [que] Mars sans considerer ny la perte de nostre honneur, ny le hazard de nostre vie, ne manquera pas de nous venir [ch]ercher. Ce n'est pas vn dieu à se laisser esconduire de la [sor]te, & la creance qu'il a de son pouuoir, comme de l'an[cie]nne amitié qu'il a contractée auec vous, luy persuade[ro]nt facilement que rien n'est capable de choquer sa gran[de]ur. Escartons-nous plustost de ces lieux, fuyons sa ren[con]tre en nous esloignant de ce verger, en l'importunité [d]es pourfuittes en nous cachant à ses yeux.

Mars.

[P]rincesse de mon ame, diuinité de mon cœur, ou fuyez [vo]us? auez vous dessein en vous retirant de moy, de me [fai]re perdre la vie, & me mettre au rang des autres mortels: [vo]s charmes ne me causent-ils pas assez de tourmens, de [tra]nsports, d'inquietudes, sans me donner la mort: & vo[str]e beauté que i'adore, & qui tient vn empire absolu sur [me]s sens aussi bien que sur mon esprit; n'exerce-elle pas [as]sez de tyrannie contre ma personne, sans que vostre [be]auté inuente de nouueaux supplices à mes peines, & [que] vostre absence fasse de mes yeux vne source conti[nu]elle de larmes. Quoy ay-ie fait quelque mépris de vo[stre] puissance, ou de vos perfections? ay-je manqué aux [dev]oirs que meritent vos iustes grandeurs? ay-je oublié

A

ce que vous estes? & les charmes que vous possedez m'ont ils esté inconnus; vous sçauez que mes armes victorieuse n'ont estendu les limites de mon pouuoir, que pour y fair reconnoistre la gloire du vostre; que ie n'ay estimé me desseins qu'autant que vous les auez approuuez? que i vous ay tousiours deferé l'auantage de mes conquestes; & que mes triomphes ne m'ont esté considerables qu'en c qu'ils vous ont fait triompher par toute l'estenduë de l terre.

Venus.

Grand Dieu ie sçay trop bien ce que vous estes, & ce qu vous meritez; ie cognois assez les insignes obligations qu i'ay à vostre bien-veillāce, & ie passerois pour la plus ingrat te du monde, si ie n'auois deuant les Cieux & la terre, que ie doibs toute ma gloire à vos soins, mon bon-heur à vostr courage, mes plaisirs à vostre cōplaisance, mon estime à vo bontez: mais ie sçay aussi ce que ie vous ay rendu; & ce qu ie suis obligée de ne vous plus rendre maintenant. Autre fois vous n'auez regné que par moy; à present vous ne pou uez plus regner auec moy? & vostre empire donne trop d crainte aux hommes, pour croire qu'il soit d'accord auec le mien, ou que la douceur de mes attraits soit iointe auec la violence de vos armes: c'est le mal-heur du temps qu cause cette des-vnion, & qui nous oblige à nous separe Permettez que ie m'en aille? vne Dame de condition m'a tend, qui desire auec passion que ie l'entretienne sur v sujet qu'elle m'a proposé, & qui est tres-excellent.

Mars.

Madame, si vostre affection estoit égale à l'ardeur de m flamme, & si vos desirs auoient de la correspondance auec les miens, vous quitterez toute sorte de compagnie pour l mienne, & vous ne seriez iamais plus rauie que quan vous auriez le bien de ma conuersation, & moy l'honneu de la vostre. Puis que ie viens de quitter le Duc de Chasti lon qui est retourné des enfers pour m'entretenir du fait d la guerre, & sçauoir de moy en quoy consiste l'auantag des armes. Dans le peu de temps que i'ay eu le bien de l
voir

ie luy ay fait connoiftre comme les Seigneurs d'illuftre naiffance, ne peuuent auoir de paffion plus glorieufe, de deffeins plus releuez, de projects plus nobles, d'entrepri-fes plus genereufes que de fe trouuer hardiment dans les cō-bats, & faire preuues de leur courage aux defpens de leur vie & de leur perfonne. Dittes-moy, Venus, auez vous iamais rien veu de plus beau, de plus magnifique, de plus pōpeux, lors que vous eftiez adorée dans Rome le chef du monde, la gloire de l'Vniuers, la merueille des Empires, que de voir vn de fes Empereurs retourner victorieux de fes ennemis tout couuert de pouffiere & de playes, monté fur vn Chariot tiré par quatre Lions, mener apres luy quantité de captifs, & de Princes efclaues, entrer dans la ville en triomphe, & receuoir de toutes parts les acclamations du peuple qui eftoit rauy de le voir dans l'enceinte de fes murailles. Non, MADAME, les Princes ne peuuent releuer la nobleffe de leur naiffance que par l'éclat de leurs belles actions, leur race emprunte fa fplendeur du merite de leur vertu, & les peuples les refpectent & les craignent à proportion qu'ils poffedent plus ou moins ces deux rares qualitez: Eftant certain que la valeur appartient aux Nobles, comme la Chafteté eft la vertu des Dames. Le Duc de Chaftillon m'ayant entendu difcourir de la forte apres vne profonde reuerence prift la parole & me dit: que veritablement la la guerre eftoit auantageufe à la gloire, à l'eftime, à l'hon-neur des Princes; mais auffi qu'elle eftoit fouuent prejudi-ciable à leur confcience, & funefte à leur reputation, puis qu'elle excite beaucoup de defordres, dont les Generaux font eftimez eftre la caufe; c'eft dans la guerre où la vertu eft mefprifée, & le vice approuué? où la Chafteté paffe pour foibleffe, l'innocence pour lafcheté, le blafpheme pour courage, l'impudicité pour galanterie: où le meurtre, le vol, la vengeance, l'iniuftice eft permife? où la Reli-gion eft foulée aux pieds, fes ceremonies profanées, fes oracles condamnez? où la iuftice ne regne plus, & où le plus fort l'emporte par deffus le plus foible, fans confide-rer le droit de l'vn, ny la tyrannie de l'autre.

B

Cypris.

Hé! bien grand Dieu quels furent les sentimens de ce Seigneur incomparable sur vne matiere si contestée de part & d'autre; qui peut auoir ses deffenseurs, aussi bien que ses ennemis, qui peut estre approuuée des vns & condamnée des autres, & qui est receuë differemment de tous les esprits. Certes pour ce qui regarde le Duc de Chastillon, i'ay ouy dire que c'estoit le Seigneur le plus beau, le plus parfait, le plus accomply de la France, & la Deesse Venus doit auoir beaucoup de regret à sa mort, puis qu'il estoit capable d'agrandir son empire, & de luy acquerir vne infinité d'Adorateurs: des-ja toute la Cour le regardoit auec admiration; la Noblesse ne parloit que des preuues qu'il auoit rendu de son courage, les Dames ne discouroient que de ses perfections, & l'on s'estonnoit que dans vn cœur de Mars on y trouua des complaisances & des beautez de Venus.

Venus.

Cypris, laissons-là ce discours: & permettez que ie vous declare le sujet sur lequel cette Dame qui m'attend me veut entretenir; elle desire sçauoir de moy, si le plaisir de l'amour consiste dans la poursuitte ou dans la iouyssance; s'il y a plus dauantage dans le combat; que dans la victoire, & plus de satisfaction dans la conqueste que dans la possession de l'object qui anime nos desirs, & qui entretient nos flammes. Quelques-vns asseurent qu'il y a plus de plaisir à poursuiure qu'à posseder quelque chose, parce que pour lors nos puissances sont en actiuité, nos esperances animées, nos actions vigoureuses, nos mouuemens arrestez; nos larmes sont des larmes de ioyes, nos transports des transports d'allegresses; & nos souspirs des souspirs d'amour. Les peines que nous prenons pour vn object que nous affectionnons sont legeres, nos trauaux sans fatigue, nos fardeaux sans pesanteur, nos soins sans inquietude. Dans l'ardeur de nostre poursuitte nous n'apprehendons ny les precipices des rochers, ny la hauteur des montagnes inaccessibles, ny les embusches des voleurs. Pour lors le Soleil n'a pour nous que des lumieres, le Ciel que de bonnes influentes ; l'air des douceurs, la terre des feconditez, les campagnes des Fleurs, & des Roses, l'Occean des calmes, & des bonaces. Toutes les saisons sont des Printemps sous les oyseaux des Rossignols, toutes les forests des retraittes où logent mille petits amours. Les autres disent au contraire que la iouyssance est la fin, & la perfection de l'amour ; & que comme toutes les choses du monde sont dans des contraintes, dans des violences qui tiennent de la captiuité, & de la tyrannie iusques à ce qu'elles soient arriuées à leur centre, qui est proprement le lieu de leur repos, & la periode de tous leurs mouuemens. Qu'ainsi l'amour ne peut estre aucunement satisfait qu'il ne soit paruenu à l'accomplissement de ses desirs & au but de ses pretentions ; Auant cela, il souffre vn continuel martyre, des gesnes, des tourmens, des supplices sans relasche, des langueurs, des ialousies, des tristesses, des afflictions qui le conduisent enfin iusques dans les cendres d'vn funeste tombeau. En effet qui pourroit exprimer les agitations d'vne ame passionnée. Tu le sçais Cipris ? combien de fois les Dieux se sont despoüillés des ornemens de leur grandeur ? combien de fois ils ont renoncé à leurs priuileges & à leur Maiesté pour m'admettre à leur couche, & pour iouyr des charmes de ma beauté. Comme les eaues des fontaines, & des riuieres sont tousiours en inquietude iusques à ce qu'elles se soient reposées dans le sein de Thetis ? comme le Soleil continuë sa course sans interruption iusques à ce qu'il soit arriué dans son Apogée. Comme les Dieux combattent sans cesse pour destruire les geans qui s'attaquent à leur authorité. De mesme l'amour a beau auoir des traits, des charmes, des extases, des rauissemens, nous n'en iouyssons iamais parfaittement qu'en iouyssant de l'object qui les possede & qui en est la source.

Cipris.

Madame, l'on peut iuger par vostre discours aussi bien que par vos pensées, que cette Dame qui vous vouloit entretenir est entierement amoureuse, puis que toutes vos conferences deuoient estre des conferences d'amour, & tous vos complimens des complimens, de cajollerie, de complaisance, & d'addresse. Mais ie vous prie n'estoit-ce pas vn beau sujet, & vne matiere digne d'estre mise sur le tapis: Sçauoir si les charmes de la beauté sont plus capables de gaigner les cœurs, que le merite & la vertu; & si les esprits se laissent plustost vaincre par l'éclat des apparences, que par la solidité du iugement. Pour moy, MADAME, ie confesse d'abord mon ignorance, & auoüe que i'aurois beaucoup de peine à conclurre plustost pour vn party que pour vn autre. Quelques-vns s'attachent directement à ce qui contente leur fantaisie, & à ce qui paroist agreable à leurs yeux. Ithis Roy d'Hircanie fut pris par les belles mains de Theraraé, Alexandre par le front de Oxane, Philippes son Pere par la bouche de Menandra, Holofernes par les sandales de Iudith, Dion par la cuisse de Benata, Cyrus par la gorge de Penelope femme Persienne, Titarchus Roy d'Egypte, par la blancheur du sein de Ragastes sœur de la Reyne Tomiris. Les autres considerent beaucoup plus l'excellence de l'esprit que les perfections du corps, & croyent que la veritable amitié ne pouuant perir, qu'elle doit par consequent estre appuyée sur des fondemens qui soient de durée, & que ny les injures du temps, ny la violence des maladies, ny l'inconstance de la fortune ne nous puisse rauir quand bon leur semblera.

Venus.

Cypris, ie conçois la pointe de ton raisonnement: & te veux demander si l'amour d'election est plus excellent que celuy d'inclination. Pour dire vray, aymer par inclination c'est plustost vn effet de nostre temperamment que de nostre choix; & vne personne ne nous a pas beaucoup d'obligation de faire vne chose de laquelle nous ne pouuons nous empescher; c'est aymer sans estre aymé: brusler sans échauffer? donner de la complaisance sans en receuoir? s'inquieter pour contenter les autres, & se rendre mal heureux pour combler les autres de felicité, d'vn autre costé forcer nostre humeur à cherir vn object qui n'a que de rares qualitez d'esprit, dont le merite n'est fondé que sur vne vertu oculte & cachée : qui est beau & laid tout ensemble ? qui touche nostre cœur, sans gaigner nostre veuë : C'est faire iustement comme ces imprudens qui adorent des diuinités inconnuës, & qu'ils mesprisoient apres, parce qu'elles estoient formées d'argile, sans art, sans façon, sans industrie. Non, Cipris, que l'on dise tout ce que l'on voudra; la beautez a des charmes qui sont ineuitables, & les ames qui font gloire de resister à tout le monde se laissent tousjours vaincre par la force de ses appas.

Mars.

Madame, ie veux que la beauté soit necessaire à vostre sexe, & qu'elle soit comme vne arme puissant auec laquelle vous triomphés de toutes celles de la terre; Mais pour ce qui regarde les hommes, elle leur est assés mal seante & l'on croira tousiours que celuy qui aura les perfections, & les traits d'vn beau visage, en possedera aussi les defauts, les manquemens, les foiblesses. Laissés-nous les tiltres glorieux de sages, de prudens, de genereux; nous vous laissons la qualité de belles : & si vous vous vantés de faire des Admirateurs, nous sommes asseurés de faire des esclaue, des mal-heureux, des infortunées, aussi bien que des riches, des Princes, & des Monarques. Par vostre discours vous voudriés nous persuader que la beauté a beaucoup dauantage par dessus la valeur, & que sans elle les plus courageux Capitaines ne peuuent faire que de legeres conquestes. Ie sçay, & il est vray, que son empire est fort doux, que sa domination ne tient rien ny de la rigueur, ny de la tyrannie, & que les hommes n'apprehendent aucunement de se soûmettre à vne puissance, qui est des-ja victorieuse de leurs cœurs. Mais ie sçay aussi que son Sceptre est vn roseau qui a beaucoup de fragilité, & son diademe plus d'éclat que de fermeté. Les charmes de la beauté sont ils finis, chacun secouë le ioug de son obeyssance, & l'on ne veut plus suiure des loix, qui n'ont plus rien pour se faire aymer. Là où l'Empire de la valeur est vn Empire de durée, & comme il est soustenu par la force d'vne vertu qui est inuincible, il demeure tousiours inesbranlable aux coups de la fortune, aux

C

iniures des saisons, aux rebellions des Peuples.

Venus.

Grand Dieu, il est constant que tous les hommes sont differens en leurs pensées & en leurs sentimens, & qu'vn mesme object ne produit pas de semblables affections dans tous les esprits : bien que la beauté soit vn don du Ciel, vn rayon de la Diuinité, vne idée de ses grandeurs, vn abbregé de ses perfections, vne image de sa puissance : Il y en a neantmoins qui l'ont blasphemée comme le plus grand de tous les maux ; & comme la seule cause de tous les desordres qui arriuent au monde. C'est elle, disent-ils, qui renuerse les Monarchies, qui ruine les Prouinces, qui desole les Royaumes, qui rend les peuples mal-heureux, & les Princes esclaues, & qui a esté autrefois si insolente que de mettre la dissension iusques dans la demeure des Dieux : C'est vne fleur qui se flettrit si tost qu'elle est éclose, que les vents poussent, que le Soleil desseiche, que les pluyes abbatent, & qui est de si peu de durée qu'elle trouue en vn moment sa ruine dans ses propres fondemens: Les autres au contraire, & auec plus de raison employent tous les traits d'vne éloquence estudiée, & d'vne Rethorique artificieuse pour esleuer son merite, & publier ses louanges. Platon en fait tant d'estime qu'il dit, que ce n'est pas vn moindre crime de l'offencer que de violer vn temple ; & tous les plus sages Philosophes de l'antiquité en ont parlé auec tant dauantage que tous leurs escrits, & leurs Liures ne sont remplis que de ses éloges. Dion l'appelloit l'ame du monde, la Mere des Dieux, l'aiguillon des puissances, & des volontés ; la chaisne qui captiue les cœurs sans violence, & l'ayment qui attire tout à soy. Le Roy des Roys, s'en est seruy comme d'instrument à ses victoires, comme de lumiere à ses triomphes, comme de flambeau à la gloire de ses conquestes. Et nous remarquons dans les Histoires Sacrées, que les plus belles femmes ont tousiours esté victorieuses. Qui perdit Holofernes auec toute son armée sinon la beauté de Iudith ? qui obligea Assuerus de reuoquer vn Edict general de mort donné contre la Nation des Iuifs sinon les charmes, & les perfections de la Reyne Esthée: par tout où la beauté se descouure, elle se fait des Adorateurs, elle n'a qu'à paroistre pour vaincre, & à se monstrer pour auoir des seruiteurs: D'ailleurs la beauté à cét auantage que souuent elle est vne marque de la beauté interieure de l'ame, & les caracteres visibles d'vne vertu qui est cachée; en effet ce n'est pas vne chose moins estonnante de voir vne belle ame logée dans vn corps difforme, que de voir vn Roy reuestu des haillons d'vn gueux, ou demeurer sous le toict d'vne pauure cabane.

Cypris.

Madame, vous entretenez le Dieu Mars d'vn discours qui à la verité est tres-agreable, & capable de flatter sa passion, mais aussi qui pourroit bien le mettre en colere: puis que vous luy faites connoistre par ce raisonnement que vous remportez dessus ses armes tous les auantages imaginables veu qu'elles sont seulement victorieuses des hômes. Là où par les charmes de vostre beauté vous triomphez & des hommes & des Dieux; Il cognoist bien cette verité, mais il ne l'auoüera iamais, & sans doute il aymera mieux abandonner nostre compagnie, que d'entendre de semblables complimens. Certes, c'est l'vnique expedient pour nous deffaire de sa personne, & le meilleur moyen du monde pour ne plus estre importunées de ses frequentes visites, aussi bien sont-elles scandaleuses, & prejudiciables à nostre reputation. O dieux! le voila qui se retire tout en colere, & sans prendre congé de vostre grandeur. Vne autrefois quand il viendra nous chercher en ces lieux, & nous entretenir de son courage & de ses combats, de ses actions genereuses: ie suis resoluë afin de le faire en aller aussi-tost, de parler des loüanges de la beauté, & des mépris de la guerre.

Venus.

Cypris, i'ay beau te dissimuler ma flamme, & les ardeurs qui me bruslent, ie ne puis me dispenser de l'entretien de Mars, & quand bien mon honneur y seroit interessé il faut que ie le voye. Non, Cypris, vnique confidente de mes pensées & de mes larmes, mon cœur ne peut souffrir son absence, & mon esprit trauaillé de mille inquietudes ne me permet aucun repos dés-lors que ce cher objet est esloigné de ma veuë: pardonne à mes sentimens ils sont iustes quoy qu'ils soient violens, & ma passion m'est agreable encor que plusieurs la trouuent scandaleuse, indigne de ma condition, au dessus de ma naissance & du rang que ie tiens parmy les diuinitez. Ie sçay qu'elle est blasmable, ie cognois ses foiblesses & ses defauts, mais ie ne puis me soustraire de l'empire qu'elle exerce sur moy, & tant plus elle me témoigne de tyrannie, tant plus ie l'affectionne, & y rencontre de la satisfaction. Cypris te souuiens-tu comme autrefois i'ay méprisé ses carresses, ses cajolleries, ses complaisances, comme ie me suis mocquée de ses promesses, de ses armes, de sa puissance, maintenant ie me vois prise, par les mesmes liens que ie pensois prendre, & son cœur vainqueur du mien, me tient captiue dedans ses chaisnes.

Cypris.

Madame, le respect que ie doibs à vostre grandeur m'auoit tousiours obligée au silence, ie n'osois vous parler d'vne chose dont i'auois vne parfaite connoissance; & ie m'eusse creu la plus criminelle du monde, si ma langue vous eut pû desplaire en vous declarant des secrets que mon cœur tenoit cachez, & qu'il ne failloit pas publier pour vostre honneur. Mais comme vous n'estes pas faschée que l'on sçache l'affection extreme que vous portez au Dieu Mars, ie vous proteste que dorefnauant, ie contribueray de tout mon possible à vostre contentement, & feray en sorte qu'il se trouue le plus souuent qu'il pourra en ces lieux,

www.ingramcontent.com/pod-product-compliance
Lightning Source LLC
Chambersburg PA
CBHW060614050426
42451CB00012B/2240